CAPITAINE DE MAS LATRIE

Du 9ᵉ Régiment d'Artillerie

SUR LES CONFINS SUD-ORANAIS

III

CARCASSONNE
Imprimerie ANDRÉ GABELLE, rue Victor-Hugo, 6

1909

CAPITAINE DE MAS LATRIE

Du 9º Régiment d'Artillerie

SUR LES CONFINS SUD-ORANAIS

III

CARCASSONNE
Imprimerie André GABELLE, rue Victor-Hugo, 6

1909

SUR LES CONFINS SUD-ORANAIS

III

Les événements ont revêtu en 1908, sur les confins Sud-Oranais, un caractère de gravité qu'ils n'avaient jamais eu jusqu'alors. Un Marabout fanatique, — ils le sont tous, car ils en vivent — nommé Mouley Ahmed ou Lhassen (1), a prêché la guerre sainte contre nous au milieu des populations qui avoisinent notre avancée, le mouvement s'est propagé au loin, et la levée de boucliers qui en est résultée a nécessité de notre part d'exceptionnelles mesures de défense. Attaqués sur nos positions, nous avons à notre tour pris l'offensive pour aller châtier les agresseurs jusque dans leurs domaines.

Dans les premières parties de ce récit, je n'ai retracé que quelques-uns des épisodes de notre action incessante dans ce pays ; de même, ici, je ne ferai point un historique complet des événements de 1908 ; et ne parlerai guère que du combat de Menabha, le 16 Avril 1908, qui marqua le début des opérations. Ce combat est surtout intéressant à étudier dans les circonstances qui l'ont produit et accompagné.

---

(1) Mouley, sinonyme de Sidi, Monseigneur, est le titre que portent au Maroc les Chérifs et les Marabouts. Ahmed est le nom du Marabout, nom dû au hasard, car généralement les musulmans de ces régions donnent à leurs nouveaux-nés le premier nom qu'ils entendent après leur naissance. Lhassen est le nom de son père — Ou, équivalent du ben ou ould des Arabes, signifie : fils de.

L'islamisme est né dans un pays pauvre, dont les habitants manquaient des choses les plus nécessaires à la vie. Si le prophète Mahomet se fut adressé à leur esprit, ces hommes ne l'auraient pas compris. Mais il a fait appel à leurs sens. A ces êtres brûlés par un soleil ardent, privés d'eau et vêtus grossièrement, il a promis des bains odoriférants, des fleuves de lait, de blanches houris aux yeux noirs et l'ombre perpétuelle des bosquets. Les Arabes étaient prêts à tout faire pour mériter de pareilles récompenses. Et comme ils appartenaient à un peuple guerrier et libre, le prophète prêcha l'intolérance et la destruction des infidèles. Il déclara que l'univers entier devait lui être soumis et proclama la sainteté de tous les moyens violents, pourvu qu'ils tendissent vers ce but.

La religion nouvelle flattait l'instinct de rapine et l'esprit d'aventure des tribus arabes, qu'elle invitait à la domination des nations et en même temps au pillage de leurs richesses. Elle fit en peu d'années de nombreux prosélytes, et ces peuplades, fanatisées, se lancèrent à la conquête du monde. Telle fut l'origine des invasions arabes.

Après une lutte de plusieurs siècles, les chrétiens paraissent avoir définitivement repris l'avantage. Ils ont chassé, ou à peu près, de l'Europe, leurs antiques adversaires, et à leur tour, sont venus fonder des empires au sein des populations musulmanes. Au cours de cette longue période de revanche, période qui n'est point encore terminée, de nombreux prophètes ont surgi pour prêcher, comme jadis, l'intolérance et la destruction des infidèles, inséparables des fructueuses razzias. Dans le Nord de l'Afrique, le *Moula sâá*, maître de l'heure, est une sorte de messie toujours attendu, dont le premier soin sera évidemment de jeter les infidèles à la mer, d'où ils sont venus. Malgré les insuccès répétés de ceux qui s'élèvent ainsi de temps à autre, au nom de la religion, contre la domination étrangère, les Arabes se laissent toujours prendre à leurs paroles, se consolant de l'échec en disant : « Ce n'était pas le bon, apparemment » — et ils restent toujours prêts à en suivre un autre.

Le caractère des guerres primitives se retrouve donc et se perpétue dans toutes les tentatives périodiquement suscitées de la sorte contre nous.

Comme leurs ancêtres, ou plutôt les ancêtres de ceux qui, pour la première fois, apportèrent l'Islam dans ces contrées (1), les indigènes du sud-marocain habitent des régions bien faites pour exalter dans leur âme le désir des récompenses que tout croyant sait trouver dans l'autre monde. L'attrait des félicités éternelles, insuffisant peut-être à agir sur ces esprits primitifs, est accompagné, soutenu en quelque sorte, par l'appât plus immédiat des biens de la terre qu'ils espèrent ravir aux vaincus et les promoteurs de guerre sainte trouvent toujours des oreilles attentives à écouter leurs discours, et des cœurs tout prêts à s'enflammer pour la bonne cause.

*
* *

Jusqu'à la fin de 1907, Mouley Ahmed ou Lhassen n'avait point fait parler de lui. Arrivé à cet âge auquel

---

(1) Les tribus Marocaines sont en majorité de race berbère, c'est-à-dire aborigène. Les envahisseurs arabes leur imposèrent leur religion. Mais les berbères, montagnards pour la plupart, eurent peu de contact avec les nouveaux venus et restèrent d'assez tièdes musulmans jusqu'au xvie siècle. L'on sait qu'à cette époque de nombreux missionnaires quittèrent la Zaouïa de Saguiet el Hamra et se répandirent dans tout le Nord de l'Afrique pour y propager et y faire renaître la vraie foi, surtout au sein des populations berbères. Leur but était en même temps de recruter des adeptes à l'ordre de Si Abdel-Kader ed Djilani.

Dieu commence à vénérer les hommes (1), son âme semblait ne plus attendre que l'heure marquée pour laisser son corps à la terre et s'élancer par les « voies du ciel » vers le « séjour des bienheureux ». Il ne sortait guère de sa Zaouïa — la vie retirée est déjà un acte de piété — vivant de cette douce existence des marabouts qui consiste essentiellement à percevoir des *Ziaras* (2) et à accepter des mains des croyants trop surchargés de mauvaises actions toutes les bonnes choses créées par le Dieu unique, prenant des deux mains, de droite et de gauche, et répétant aux fidèles ces paroles du prophète : « L'offrande du pauvre est aussi agréable à Dieu que celle du riche ».

Car la religion musulmane a ceci de bon que, pour être un saint personnage, point n'est besoin de toutes ces macérations, ces mortifications, ces privations volontaires qui caractérisent les pieux personnages en d'autres religions. Tout cela est inutile, puisqu'il suffit d'avoir la foi. Et comme « c'est un des signes de la puissance de Dieu, enseigne encore le Koran, de vous avoir donné des femmes créées de vous-mêmes pour que vous habitiez avec elles, — il a établi entre vous l'amour et la tendresse, (3) » pourquoi les Marabouts seraient-ils privés de ces dons de la munificence divine ? La continence n'est donc pas de règle. Mahomet a fixé à quatre le nombre des épouses

---

(1) L'imam es-Soyouthi a dit : " Dieu aime les hommes de 70 ans, il vénère ceux de 80 ans ". (Colonel TRUMELET. — *L'Algérie Légendaire*).

(2) Ziara, dit le Colonel TRUMELET, signifie visite, pèlerinage au tombeau d'un saint. On désigne également sous ce nom les offrandes et cadeaux qu'apportent aux saints Marabouts les croyants qui désirent obtenir, par leur intermédiaire, les faveurs du ciel.

(3) Le Koran — chap. xxx — verset 20.

légitimes qui constituent le *harts* (1) ou champ conjugal permis au croyant, mais il a montré par son exemple qu'il n'y avait nul inconvénient à dépasser ce chiffre. Beaucoup de Marabouts imitent leur maître et ces saints personnages — du moins il est permis de le supposer, car ils n'ont guère autre chose à faire — doivent réaliser sur la terre de sérieuses collections de bienfaits, puisque, dit toujours le prophète, « le mari qui embrasse sa femme, gagne, pour chaque baiser, trente bienfaits du ciel ».

Mouley Ahmed ou Lhassen coulait donc des jours heureux à l'ombre de sa Zaouïa. Le mois de Ramadan de l'année 1325 — c'est-à-dire la période qui s'étend du 10 Octobre au 8 Novembre 1907 — venait de finir. Sans doute, pendant la nuit *d'el Kadr* (2) de ce mois, l'ange chargé par Dieu de la tenue du livre des destinées humaines inscrivit, pour Ahmed ou Lhassen, les phases d'une existence agitée toute nouvelle. Car c'est à partir de cette époque que l'esprit du Dieu unique commença à se manifester dans la personne de son serviteur. Pénétré des rayons de la révélation divine, il ne tarda pas à lire dans l'avenir comme dans un livre ouvert, annonçant qu'il vaincrait les infidèles, qu'il les chasserait du Sud-Ouest Oranais, d'où leurs étendards orgueilleux menaçaient cette terre d'Islam par excellence, le Maroc, que l'on a pu

---

(1) *Harts* — littéralement champ cultivé. C'est ainsi que les Musulmans désignent l'ensemble de leurs épouses légitimes. Les Arabes ne possèdent d'ailleurs en général qu'une femme, souvent deux, rarement davantage. Inutile de dire que le *harts* ne doit point être labouré par la charrue d'autrui, et les indigènes sont assez ombrageux sur ce chapitre, car lorsque Dieu créa la jalousie, il en fit, dit-on, cent parts dont il donna quatre-vingt-dix-neuf aux Arabes.

(2) C'est dans la nuit *d'el Kadr* (des arrêts immuables), qu'on croit être celle du 23 au 24 du mois de Ramadan, que les affaires de l'univers sont fixées et résolues par Dieu pour toute l'année. (Colonel TRUMELET)

appeler à si juste titre *es Skifet ed djenna*, le vestibule du ciel. Il proclama même que les tribus algériennes, avec lesquelles, disait-il, il avait des intelligences, n'attendaient que son approche pour secouer un joug abhorré, et que sa marche victorieuse ne s'arrêterait qu'aux rivages de la mer. Il passa enfin pour faire des miracles, preuve manifeste que Dieu lui avait concédé une parcelle de sa toute-puissance.

Et il prêcha la guerre sainte contre nous; c'est d'ailleurs le résultat auquel aboutit toujours dans l'âme d'un croyant l'éclair des manifestations de Dieu. Il y apporta même une sorte d'acharnement, comme pour racheter ses longues années d'indifférence à l'égard des infidèles. A ces montagnards avides de pillage, il montra nos postes, nos établissements. Ils y trouveraient, dit-il, la gloire — ils s'en souciaient médiocrement — les richesses et le salut éternel. Et il ajoutait : « Dieu lui-même nous assistera dans la bataille, car les fusils des chrétiens — que ces chiens soient maudits — couleront de l'eau tandis que les nôtres porteront le carnage et la mort parmi eux ».

Cette dernière prédiction, qui ne trouva point d'incrédules jusqu'au jour de l'épreuve, ne laissa pas que d'être particulièrement engageante pour des gens qui, quelque sincères croyants qu'ils fussent, n'étaient pas cependant absorbés dans l'essence divine au point de mépriser complètement leur enveloppe terrestre. Néanmoins les prédications n'eurent pas un effet immédiat en ce sens que les fidèles, tout en promettant leur appui sans la moindre hésitation, mirent beaucoup de temps à prendre les armes et à se réunir à l'appel de Mouley Ahmed ou Lhassen. Au début de février 1908, le rassemblement était encore insignifiant et ce n'est qu'aux premiers jours de mars qu'il commença à éveiller assez sérieusement notre inquiétude.

*
* *

Il serait difficile d'indiquer l'époque précise à laquelle Mouley Ahmed ou Lhassen entama son mouvement vers l'Est, c'est-à-dire vers nous. Ce mouvement s'exécuta avec une sage lenteur. La *harka* (1) prolongeait son séjour dans les lieux où elle s'arrêtait, attendant les retardataires, recrutant de nouveaux adhérents. Si bien qu'au commencement d'Avril, elle se trouvait dans la plaine de Mengoub, ayant mis près de 2 mois à parcourir une distance qui ne doit pas excéder 120 kilomètres. Entre temps, Mouley Ahmed avait envoyé aux autorités françaises de la frontière une longue missive assez confuse, qui en somme n'était que le développement du vieil adage des conquérants arabes aux peuples vaincus : « Soyez musulmans ou tributaires (2) ».

La plaine de Mengoub, ou Tamlelt, mesure environ cinquante kilomètres de longueur et sa largeur moyenne est de soixante. Bornée de tous côtés par de hautes et abruptes montagnes, dont les massifs sont séparés par de profondes gorges ou de larges couloirs, l'accès, pour un rassemblement armé de quelque importance, en est donc limité à un certain nombre de passages (3). Barrée dans sa région médiane par le Djebel el Akhal qui court de l'ouest à l'est, la plaine, uniformément plate, sans arbres ou à peu près, ne présente ni ces profondes fissures, ni ces

---

(1) *Harka* — rassemblement d'au moins cinq à six cents hommes.

(2) On a vu précédemment que tuer les infidèles devint une œuvre méritoire pour les sectateurs de Mahomet. Ce dernier cependant persécuta les chrétiens et les juifs avec beaucoup moins d'acharnement que les païens. C'est que les premiers admettaient comme les Musulmans le dogme de l'unité de Dieu, et ils pouvaient dès lors se racheter par un tribut.

(3) La question d'eau intervient également. On ne trouve de points d'eau que dans ces passages.

lits encaissés de rivières qui sillonnent si fréquemment les plaines de ces pays.

Les puits de Mengoub sont au centre de la portion méridionale du Tamlelt. Séparés des montagnes par des distances qui varient entre 5 et 40 kilomètres, aucun indice n'en révèle la présence et des guides exercés seuls peuvent les retrouver au milieu des terrains sablonneux dans lesquels ils ont été creusés.

La harka était campée autour de ces puits. Le Tamlelt, d'ordinaire fréquenté par les nomades Beni-guil, était désert. Des hauteurs qui le bordent, l'on apercevait les tentes ennemies et la nuit les feux de bivouac, que les Marocains ne prenaient aucun soin de dissimuler, révélaient à tous la présence d'un danger prochain.

Le 7 Avril, quatre colonnes françaises s'étaient mises en marche pour fermer au Nord-Ouest, à l'Ouest et au Sud-Ouest les débouchés de la plaine de Mengoub et couvrir ainsi la ligne de nos postes. Elles jalonnaient un immense arc de courbe, dont l'origine était au Nord de Necissa (colonne venue de Berguent) et le terme à Talzaza (colonne venue de Colomb-Bechar), en passant par deux points intermédiaires, l'un au Nord de Bou-Arfa (colonne venue d'Aïn-Sefra), l'autre à Oglat-abdeldjebar (colonne venue de Beni-Ounif).

Chaque colonne était couverte par des postes de cavaliers installés sur les pentes des montagnes qui regardent Mengoub. Ceux des troupes campées à Oglat Abdeldjebar, postés dans le Djebel Medli, étaient les plus rapprochés de l'ennemi, dont ils voyaient les tentes et les feux.

Les Marocains ne faisaient aucun mouvement. Si l'on excepte quelques chasseurs qui ne s'aventuraient guère, personne ne quittait leur camp (1). Sûrs de la victoire, ils

---

(1) On verra plus loin qu'en revanche, ils recevaient de nombreux visiteurs.

ne s'inquiétaient nullement de nos mouvements et de nos préparatifs. Des indigènes vinrent à Talzaza déclarer avoir rencontré de leurs patrouilles non loin de Mougheul ; l'on reconnût plus tard qu'ils avaient menti.

Les renseignements nous venaient du poste du Medli, qui apercevait le camp de la harka, et de nos émissaires indigènes. Le poste du Medli, trop exposé, se retira dans le Djebel Ghals vers le 9 Avril et fut dès lors bien éloigné de l'ennemi. Nos émissaires indigènes, comme on le verra plus loin, nous servaient avec une sorte de malaise. Le commandant supérieur du cercle de Colomb-Bechar, qui commandait les troupes campées à Talzaza, se décida à faire reconnaître la harka d'un peu plus près. Le 10 Avril, il fit partir un officier de sahariens et 25 de ses cavaliers avec mission de se mettre en relation avec les postes voisins du Medli ou du Ghals, s'en remettant à son initiative du soin de recueillir le plus de renseignements possible sur la harka.

Cet officier quitta Talzaza à trois heures de l'après-midi, emportant trois jours de vivres sur ses chevaux, passa par Menabha pour éviter Mougheul, dont les habitants lui paraissaient sujets à caution, traversa l'Oum ech chegag (1) à la tombée de la nuit, et vint coucher dans l'Oued Aïssa.

Le détachement se remit en route le 11, à la pointe du jour, trouva les postes du Medli évacués, fut amené par l'inspection des traces à se diriger vers le Djebel Ghals et l'œil exercé des sahariens ne tarda pas à apercevoir au loin une légère colonne de fumée, indice de la présence d'êtres humains dans le voisinage. Deux cavaliers, envoyés à la découverte, ayant reconnu la fumée pour

---

(1) Oum ech chegag — petite plaine qui sépare Menabha du Megsem Halim.

amie, firent avec leur burnous le signal ordinaire (1) indiquant que l'on peut approcher sans crainte.

Le poste qui éclairait la colonne campée à Oglat Abdeldjebar comprenait une cinquantaine de cavaliers et autant de fantassins. Il était embusqué là, dans un ravin, où l'eau de plusieurs r'dirs (2) lui permettait de séjourner et où la défense aussi bien que la retraite lui étaient des plus aisées.

Les sahariens passèrent la nuit en ce point. Leur officier y apprend qu'un petit poste de *mokhazenis* (3) est caché dans le Djebel Medli. Jamais, lui dit-on, les Marocains ne s'approchent de la montagne, quelques chasseurs quittent parfois leur camp dans la journée, mais y rentrent toujours au coucher du soleil. Les ennemis ne paraissent en somme avoir de communications suivies qu'avec le Ksar d'Aïn Chaïr, situé à quelque distance vers l'Ouest. Son plan est aussitôt arrêté. Il profitera de la nuit pour s'approcher de la harka et la reconnaître.

Le 12 Avril, deux sahariens, deux *chouaf* (4), abandonnent leurs montures qu'ils retrouveront au retour, partent à pied vers 10 heures du matin avec mission de se mettre en liaison avec le poste du Djebel Medli. Si aucun incident ne survient avant la tombée de la nuit, ils profiteront de

---

(1) Ce signal consiste à saisir l'un des pans du burnous et à l'agiter en élevant et en abaissant le bras alternativement.

(2) *R'dir*, citerne naturelle dans le Sahara, dans un terrain imperméable ou dans les rochers qui se remplit à l'époque des pluies. Le nom de *r'dir* (racine *r'da*, tromper) a été donné à ces mares parce qu'il arrive souvent que leurs eaux, sur lesquelles on comptait, ont été bues par le soleil ou par les troupeaux.

(3) *Mokhazenis* — Cavaliers indigènes à notre solde.

(4) *Chouaf* — littéralement voyant (racine *chof*, voir) — Le *chouaf* est un éclaireur envoyé pour reconnaître une force, un campement ennemis... Les indigènes sont passés maîtres dans l'art de mener à bien, en restant invisibles, ces périlleuses entreprises.

l'obscurité pour s'approcher du camp de la harka à très petite distance, afin de se rendre compte de son étendue et du nombre des combattants. La reconnaissance les recueillera le 13 Avril au petit jour vers la pointe du Djebel Medli. Si le danger est pressant, ils sont prévenus d'avoir à se tirer d'affaire comme ils le pourront, personne ne pouvant alors songer à les attendre, encore moins à les secourir. Si, en outre, une heure environ après le lever du soleil, ils n'ont pas reparu, ils seront abandonnés à leur sort. Ces deux hommes, excellents marcheurs, adroits tireurs, acceptèrent ces conditions avec le sourire de gens sûrs d'eux-mêmes et de réussir. Nés dans le pays, ayant de longue date l'habitude des coups de mains et du danger, ils remplirent, comme nous le verrons, leur mission avec un sang-froid qui fut couronné de succès (1).

Les sahariens montèrent à cheval à midi, longèrent les pentes méridionales du Medli, s'arrêtèrent vers 5 heures pour prendre un peu de nourriture, et à 6 heures ils se remettaient en marche avec précaution, à cause du voisinage de l'ennemi. Le terrain était bon ; en cas d'attaque par des forces supérieures, le détachement pouvait rapidement se mettre hors de portée. Vers 9 heures du soir, à la nuit close par conséquent, l'on arriva non loin de la pointe occidentale du Medli. L'officier de sahariens et quelques hommes, montant sur un piton voisin, aperçurent les feux de la harka ; ils en comptèrent plus de deux cents. Il faisait un temps magnifique ; la lune, près de son plein, éclairait le terrain comme elle l'éclaire dans ces contrées où l'atmosphère est d'une pureté extraordinaire. Un peu avant le point du jour, comme la lune venait de se coucher, tout le monde est à cheval et l'on gagne encore du terrain vers l'Ouest. Le vent souffle avec une

---

(1) Ces deux hommes furent grièvement blessés 3 jours après à **Menabha**.

certaine force ; les sahariens sont sous le vent par rapport à la harka, ce qui est pour eux une garantie de sécurité. Comme l'aube blanchit, le cri du chacal, signal convenu, annonce le retour des deux éclaireurs partis la veille. On les recueille au passage. On marche encore quelque temps, puis l'on s'arrête. Les chevaux sont dissimulés derrière une petite éminence, du sommet de laquelle, au soleil levant, l'officier de sahariens peut contempler à son aise le camp ennemi. Il écoute en même temps les renseignements que lui apportent les *chouaf*.

Pendant la nuit, ces deux hommes se sont approchés du camp de la harka, assez près pour distinguer les combattants à la lueur des grands feux autour desquels ils sont assis, et même pour entendre leurs conversations. Dans telle partie du camp, on parle *chellah* (1), et ils n'ont rien compris. Mais dans telle autre, on parle arabe, il y a là des gens d'Aïn-Chaïr, des Oulad en Naceur... etc... Nous les avons reconnus à leur manière de parler, ajoutent-ils. Les tentes, excessivement sommaires, forment un immense *douar* (2). Au milieu du *m'rah* (3), encombré de chevaux, de mulets, de chameaux, se dressent deux *Khezana* (4), qui doivent appartenir au Marabout. Les marocains paraissent être dans une sécurité profonde. Aucun service de garde n'est organisé ; nous pensons qu'il doit y avoir là 3.000 *R'eraba* (5), sans femmes ni

---

(1) *Chellah* — langue Berbère.

(2) *Douar* — les tentes des nomades jalonnent toujours sensiblement un circonférence, dont le rayon varie avec le nombre des tentes et l'espace qui sépare chacune d'elles de sa voisine. C'est l'ensemble des tentes ainsi dressées que l'on appelle *douar*.

(3) *M'rah* — espace vide circonscrit par la ligne des tentes. C'est là que les troupeaux viennent passer la nuit.

(4) *Khezana* — grande tente Marocaine allongée.

(5) *R'eraba* (sing. *R'arbi*) gens de l'Ouest. C'est ainsi que nos indigènes désignent les Marocains.

enfants, preuve qu'ils ne tarderont pas à se mettre en marche, et par suite à nous attaquer.

Comme le soleil montait à l'horizon et qu'un certain mouvement semblait se manifester au milieu des tentes ennemies, la reconnaissance battit en retraite et rapporta le même jour, 13 Avril, à Talzaza, ses renseignements dont les événements postérieurs devaient démontrer l'exactitude.

Le lendemain, 14 Avril, les diverses colonnes françaises étaient poussées en avant, de sorte que le soir de ce même jour, elles occupaient les abords mêmes de la plaine du Tamlet, au nord Necissa et Bou-Arfa, à l'est Tanezzara, au sud Menabha. L'ennemi, trois fois supérieur en nombre à chacune d'elles, campait, tout entier concentré, à Mengoub.

Cette situation évoque le souvenir d'une situation analogue qui est célèbre dans les annales de nos guerres. Et l'on aurait pu croire que le souvenir des batailles de Lonato et de Castiglione empêcherait à jamais des Français de se mettre dans le cas de jouer le rôle qu'y remplirent si bien les généraux autrichiens.

Les Marocains, appliquant d'instinct les principes de la guerre, renouvelèrent la manœuvre en lignes intérieures qui avait si bien réussi à Bonaparte. Laissant quelques hommes à la garde de leur camp, ils se portèrent en masse sur l'une de nos colonnes.

Ils quittèrent Mengoub le 15 Avril, après le coucher du soleil, marchèrent en un seul et immense groupe, dans le plus grand désordre, jusqu'au Megsem Halim, qu'ils franchirent un peu avant minuit. Dans l'Oum ech Chegag, on s'arrêta pour attendre le retour de deux *chouaf* envoyés à la découverte vers le camp français. Ces deux hommes (1) ne tardèrent pas à revenir. Ils s'étaient

---

(1) De ces deux hommes, l'un originaire des Beni-Guil, faisait partie du Maghzen à pied d'el Ardja. Il passa à l'ennemi dans les premiers jours d'Avril. L'autre était un Ksourien de Mougheul.

approchés du camp à la faveur de la nuit, avaient bien aperçu quelques sentinelles, mais déclarèrent que tous les chrétiens dormaient et que le moment était venu de leur courir sus.

On décide aussitôt que, vu la supériorité numérique, on se diviserait en deux colonnes (1). L'une ferait un détour et viendrait couper la retraite aux Français en s'installant sur le chemin qui mène de Talzaza à Menabha, au sud, par conséquent, de ce dernier point. L'autre, après avoir attendu un certain temps pour permettre à la première de gagner sa position, attaquerait par le Nord. Les premiers coups de feu qu'elle tirerait seraient le signal d'une irruption générale et tous ensemble se précipiteraient sur le camp des *roumis* (2). Le mouvement commença.

Pleins d'entrain tant qu'ils furent loin de l'ennemi, ceux qui devaient attaquer les premiers sentirent leurs craintes s'accroître à mesure que s'approchait le danger. Leur protecteur, celui qui leur avait promis que les fusils des chrétiens couleraient de l'eau, n'était pas avec eux. Bien plus, nous le verrons plus tard, il désapprouvait leur conduite. La marche se ralentissait de plus en plus.

Après avoir servis de *chouaf*, ils guidèrent la première colonne, celle qui attaqua le camp de Menabha. Le Guili fut tué ce jour là ; on retrouva son cadavre parmi les morts. Le Mougheuli a trouvé la mort au mois d'Août suivant, dans une rencontre avec une de nos patrouilles.

(1) Tous les combattants d'une même tribu étant déjà groupés sous un même chef, il suffisait d'une entente rapide entre les chefs des divers contingents, relativement peu nombreux, pour opérer sans difficulté ni retard cette division en deux colonnes.

(2) « Le mot *Roumi*, est une expression par laquelle les Barbaresques désignent dédaigneusement un Chrétien. L'expression *roumi* signifie proprement un grec, un rouméliote ; elle s'emploie, en certains cas, pour romain ; mais, dans les contrées barbaresques, elle désigne un Chrétien. »

Beaucoup, sous des prétextes variés, restaient en arrière ; plusieurs même, dit-on, s'éloignèrent pour ne plus revenir. Si bien que la première colonne atteignit sa position d'attente longtemps avant que la seconde fut en état de se porter à l'attaque. Cette première colonne, mieux conduite, couverte par des mamelons et une palmeraie, finit par s'impatienter et ses guides, voyant que le jour ne tarderait pas à poindre, la lancèrent à l'assaut.

Il faisait un temps splendide. La lune était dans son plein. Elle éclaira cependant assez mal le paysage au moment de l'attaque parce qu'elle se trouva alors tout près de son déclin. De plus le vent soufflait du nord, circonstance des plus favorables pour l'assaillant, et qui explique comment sa marche enveloppante, exécutée d'ailleurs à une distance de plusieurs kilomètres, ne fut pas éventée par les sentinelles de nos petits postes. Le terrain était d'ailleurs propice et les indigènes excellent à s'approcher de l'ennemi sans bruit. L'histoire ne dit pas si chaque marocain aperçut, voltigeant au-dessus des tentes chrétiennes, l'ombre des soixante-douze houris que chaque croyant doit avoir à son service personnel dans le paradis de Mahomet, ou si plus simplement, ils se ruèrent au pillage avec l'espoir que nous n'aurions pas le temps de nous mettre en défense ; mais ce fut une véritable avalanche humaine. Les petits postes, bousculés, donnèrent néanmoins l'alarme et l'ennemi vint se heurter à la pointe de nos baïonnettes (1). Beaucoup cependant pénétrèrent dans le camp, mais ils n'eurent pas le temps d'y « sentir le goût de la mort ». Les autres avaient mis à profit tous les abris qui se trouvèrent à leur portée, pierres, rochers, fossés, palmiers et de là ils entretenaient, à petite distance, un feu terrible sur nous. Mais tandis que la « mort rouge » (2), les pieds dans le sang, fait son œuvre, nos

---

(1) Au Sahara, soldats et officiers dorment habillés et armés. C'est ce qui explique l'instantanéité de la mise en défense.

(2) La " mort rouge ", celle qui survient dans les combats.

soldats, devenus assaillants à leur tour, se dégagent à la baïonnette, puissamment aidés par deux canons de montagne qui tirent sans relâche.

Pendant ce temps, le soleil s'est levé, mais pour éclairer la déroute des Marocains Partout où le combat a déployé ses plus sombres péripéties, les corps des R'eraba sont amoncelés en îlots lugubres, « bossuant le sol comme des tombes dans le champ du repos ». Leurs bandes fuient en désordre et disparaissent bientôt à l'horizon. On n'a jamais su ce qu'avait fait leur deuxième colonne, celle qui devait ouvrir le feu. Elle attendit sans doute que le succès se décidât avant d'intervenir ; elle se réservait pour le pillage.

Le combat n'avait pas duré deux heures. La conduite des chefs et des soldats y fut digne de tous les éloges.

C'est que si la colonne de Menabha était la plus exposée, de par sa proximité de l'ennemi et d'autres raisons que nous examinerons tout à l'heure, elle comprenait des troupes d'une valeur exceptionnelle. Ces troupes ne comptaient que de vieux soldats (1), très entraînés, habitués de longue date à manœuvrer, à marcher et même à combattre côte-à-côte, accoutumés à supporter sans mot dire la faim, la soif, la fatigue, le froid, la chaleur, ayant fait preuve maintes fois d'une constance et d'un courage inébranlables. Les officiers y vivaient de la rude vie de leurs hommes. Le danger et la peine affrontés en commun depuis longtemps avaient établi entre les différents corps, aussi bien qu'entre les chefs et les soldats, une fraternité sous les armes qui, dans cette critique circonstance, porta d'heureux fruits. Réveillés en sursaut dans toute l'horreur d'une attaque de nuit par un ennemi trois fois supérieur en nombre et qu'ils n'attendaient pas, au milieu des balles qui pleuvaient, des chevaux, des chameaux détachés et

---

(1) A l'exception de deux petites sections du 2me zouaves, dont l'une de mitrailleuses, arrivées depuis peu.

courant affolés, les soldats se ressaisirent sans défaillance à la voix de leurs chefs, et se dégagèrent victorieusement à la baïonnette.

Je ne retracerai point les péripéties de ce combat, elles sont connues, mais il donne lieu à quelques remarques.

.

On a dit que les marocains, en attaquant la colonne campée à Menabha, avaient choisi celle qu'ils jugèrent dans la plus mauvaise situation défensive.

Cette opinion est discutable. D'abord, au Sahara, un camp, quel qu'il soit, à moins d'être environné de retranchements, est toujours dans une mauvaise situation défensive pendant tout le temps que l'obscurité annihile ou à peu près les effets du feu de ses défenseurs. Puis l'état d'esprit et le degré de connaissance de nos adversaires permettent d'affirmer que telle ne fut pas la raison qui les conduisit à Menabha. Ces soldats du Dieu unique étaient pleins de confiance dans la sainteté de leur marabout, qui leur avait promis l'invulnérabilité, et ils étaient décidés à le suivre vers Aïn-Sefra, que ses voix — ce n'était pourtant pas un berger — lui assignaient comme première étape de la délivrance. Ils l'auraient d'ailleurs suivi en aveugles n'importe où, n'ayant aucune idée préconçue, hormis celle de piller le plus possible. Et il leur paraissait superflu de s'inquiéter de ce que pouvaient bien faire les chrétiens, ces fils du péché, dont les fusils devaient couler de l'eau et qui étaient donc, quoiqu'il advînt, voués à une destruction certaine.

Quelles raisons assez puissantes amenèrent donc les *R'eraba* à désobéir à leur chef?

Si, de son camp de Mengoub, Mouley Ahmed ou Lhassen, qui paraissait ne pas douter de sa puissance surnaturelle, jugeait inutile d'envoyer aux informations, les Beni-guil, les Ksouriens de Mougheul, d'Aïn-Chaïr —

et bien d'autres encore — lui rendaient de fréquentes visites et s'étaient fait ses agents de renseignements.

Entre frères d'une même religion, le mensonge, qui sort si naturellement de la bouche d'un arabe — ou d'un berbère — était banni, et la harka était beaucoup mieux au courant de nos faits et gestes, tout en y attachant peu d'importance, que nous des siens. Une multitude d'espions la servaient, car ils avaient foi en son chef.

Les colonnes campées à Tanezzara, Bou Arfa et Necissa, venues de loin, dans un pays déserté par les nomades, avaient peu de contact avec les indigènes du pays, tandis que la colonne de Menabha se mouvait pour ainsi dire au milieu d'eux et ils la surveillaient sans éveiller son attention (1). Pour qu'il en fût autrement, il aurait fallu fusiller tous les habitants des Ksour environnants, ou tout au moins les retenir prisonniers, et les deux choses étaient également impossibles. Puis ces gens nous donnaient, malgré tout, de précieuses indications, et c'est ce qui arrive en général dans ces pays, où nos informateurs servent ordinairement les deux partis.

La colonne de Menabha était donc la plus épiée, la mieux connue, pour ainsi dire. Elle était aussi la plus rapprochée de Mengoub, dont trente kilomètres à peine la séparaient et dans un terrain excellent. C'était peu de chose pour des indigènes habitués à parcourir fréquemment dans la même journée des distances deux ou trois fois plus grandes. Cette colonne enfin campait à proximité d'une palmeraie et d'un point d'eau dont les Beni-guil et les gens de Mougheul sont les propriétaires. C'est dire à

---

(1) Colomb-Bechar était notre poste extrême vers l'Ouest, le plus voisin par conséquent de la région qui avait fourni les contingents ennemis. Les nombreux indigènes de l'Ouest qui continuaient à fréquenter le marché de Bechar nous maintenaient en contact permanent avec nos ennemis.

quel point ce lieu leur était familier ; ils en connaissaient le moindre recoin et pouvaient préparer à l'avance, minutieusement, le plan d'attaque.

Aussi est-ce à l'instigation des habitants du pays qu'eût lieu le combat de Menabha. A peine nos troupes étaient-elles installées en ce point, dans l'après-midi du 14 Avril, que le soir du même jour, les marocains virent venir à eux leurs informateurs habituels, la joie du triomphe déjà peinte sur leur visage. Ils leur montrèrent le camp français à portée de leur main, les *roumis* paraissant sans souci, éloignés de tout secours — 40 kilomètres les séparaient de leurs frères les plus voisins campés à Tanezzara. — Que pourraient, dirent-ils, mille combattants à peine contre de valeureux croyants bien supérieurs en nombre (1), surtout si on les surprenait pendant leur sommeil ? Et ils s'offrirent comme guides, annonçant qu'aux premiers coups de feu, les Ksouriens de Mougheul (2) — et bien d'autres — viendraient à la rescousse.

La discussion se prolongea longtemps. Le Marabout persistait à déclarer que Dieu lui avait assigné Aïn-Sefra comme premier but, et qu'aucune considération terrestre ne saurait le détourner d'un ordre venu d'en haut. Ses fidèles hésitaient ; mais le démon de la cupidité l'emporta.

---

(1) La harka de Mengoub comprenait environ 3.000 combattants.

(2) Le seul Ksar de la région qui paraît ne pas avoir eu alors d'intelligences avec l'ennemi, est celui d'el Ahmar, situé tout près de notre poste de Talzaza Les Ksouriens d'el Ahmar avaient trouvé en nous de puissants protecteurs contre les nomades Beni-Guil qui les pressuraient, et ils ne désiraient ni notre ruine, ni notre départ. L'un de ces Beni-Guil, qui fut tué d'ailleurs à Menabha, disait quelques heures avant le combat : « Quant les *roumis* seront morts, je veux être le premier à entrer à el Ahmar pour y mettre le feu et prendre les troupeaux ». Ce propos, qui témoigne de la fidélité des gens d'el Ahmar, montre en même temps à quel point nos agresseurs se croyaient sûrs de la victoire.

On leur promettait une victoire facile et un ample butin : l'attaque fut décidée pour la nuit suivante.

Ahmed ou Lhassen refusa de s'associer à leur entreprise, et tout en leur souhaitant le succès, il déclina toute responsabilité sur ce qui pourrait advenir. Si cet homme était un imposteur et non un illuminé, peut-être fut-il bien aise d'attendre à l'abri des coups le résultat de ce premier contact avec les chrétiens.

Jusqu'au 15 Avril, les renseignements indigènes ne nous firent pas défaut, quoique manquant souvent de précision, parce que ceux qui nous les apportaient, s'ils n'osaient pas rompre encore ouvertement avec nous, souhaitaient au fond de leur cœur notre ruine. Et ils crurent si bien au succès de l'ennemi — puisque Dieu était avec lui — que la veille du combat personne ne nous prévint qu'il se tramait quelque chose contre nous. Et nous étions campés à trois kilomètres de Mougheul, et pas très loin non plus, pour ce pays, d'Aïn-Chaïr, dont le principal notable nous avait donné maintes fois des preuves évidentes de son bon vouloir. Et tout le monde, excepté nous, était averti, et attendait l'attaque, qui pour tous se confondait avec notre destruction, comme une délivrance.

*
* *

Si l'on fait abstraction, pour un moment, de l'énergie de la défense, l'échec des marocains tient à deux causes essentielles. La première, c'est que l'unité de commandement leur faisait défaut de la façon la plus complète, chacun voulant commander afin de garder pour son contingent la plus grosse part de butin ; il y avait aussi les pressés et les prudents, et la catégorie de ces derniers paraissait la plus nombreuse. La seconde, c'est que les assaillants, convaincus, sur la foi de Ahmed ou Lhassen, que nos fusils couleraient de l'eau et que, même sans cela, ils auraient bon marché de nous, poussés aussi par leur irrésistible penchant, ne songèrent qu'au pillage. La plupart de ceux qui avaient pénétré dans le camp furent tués, non en combattant, mais tandis qu'ils étaient occupés à ramasser tous les menus objets qui leur tombaient sous la main.

Il semble donc résulter de là que, si l'attaque s'était produite avec plus d'ensemble et de résolution, le succès fut peut-être définitivement resté aux Marocains. Comment, dans une région dénudée, où il n'y a ni abri ni obstacle, mettre un camp à l'abri d'une attaque de nuit ?

C'est fort difficile.

Certaines précautions sont de règle. C'est ainsi que les tentes sont abattues à la tombée de la nuit, chaque homme couchant à son poste de combat, le fusil ou la carabine fixée au poignet par la bretelle. Il est bon aussi de faire creuser sur la lisière du camp des tranchées qui peuvent, dans une certaine mesure, briser l'élan de l'assaillant. Et l'idéal est de construire de véritables retranchements en pierres sèches, ce qui est presque toujours possible, ou en branchages, si l'on trouve des arbustes à proximité.

Les avant-postes peuvent tout au plus donner l'alarme, mais ils ne sauraient arrêter un assaillant qui s'approche sans bruit, et que l'obscurité empêche de maintenir à distance par le feu. Ils sont forcément bousculés. Si vous les éloignez afin d'être prévenu plus tôt, vous les exposez à se faire détruire sans grand profit, l'ennemi pouvant se glisser entre leurs mailles trop lâches. Et si, pour obvier à cet inconvénient, vous les multipliez, vous affaiblissez d'autant la défense du camp, qui reste à la merci de l'assaillant après qu'il a enfoncé la ligne de vos avant-postes, ce qui, à la faveur des ténèbres, ne lui est pas difficile.

Toutes ces précautions ne pouvaient empêcher l'attaque de Menabha de se produire, ni même nous en prévenir autrement que par les premiers coups de feu. Et c'est ce qui arriva.

Dans le cas présent, l'on connaissait la position exacte de l'ennemi. Le danger ne pouvait donc venir que d'une direction. C'est cette direction qu'il fallait surveiller attentivement jour et nuit, et au loin. Pour venir de Mengoub, la harka devait nécessairement franchir le col, le seuil plutôt du Megsem Halim, large de plusieurs centaines de mètres et situé à 16 kilomètres de Menabha. Entre ces deux derniers points (1), le terrain était excellent ; la clarté de la lune permettait à un cavalier de le parcourir à pleine allure au milieu de la nuit. C'est au Megsem Halim que devait être installé le poste de veille, l'œil du camp de Menabha. On y avait placé quelques indigènes qui, des pentes de la montagne, apercevaient les tentes ennemies. Mais considérant leur mission de surveillance comme terminée à la tombée de la nuit, et ne pouvant d'ailleurs avoir aperçu avant le crépuscule aucun mouvement insolite aux abords du camp de Mengoub, ils s'étaient retirés dans un endroit inaccessible pour y dormir, et ils ne purent, par suite, donner l'alarme.

Ces hommes entendirent-ils passer la harka ? Ils ont juré que non. C'étaient, pour la plupart, des nomades du pays, des guerriers et des aventuriers de profession par conséquent (2). Il a été prouvé que la harka marchait

---

(1) Le terrain est également aussi bon entre Mengoub et le Megsem Halim.

(2) Ce poste comprenait des Oulad-Djerir (Oulad bed Diar), rentrés depuis dix-huit mois seulement de la Zaouïa de Bou amama, et quelques Sahariens démontés. Si l'on voulait absolument voir une trahison dans leur cas, on ne pourrait l'imputer qu'à ces Oulad-Djerir de soumission récente. Les Sahariens, qui d'ailleurs n'étaient pas des sujets d'élite comme il y en a et beaucoup, étrangers au pays, auraient été paralysés par la crainte.

Mais il n'y a eu ni trahison, ni préméditation dans leur cas, qui est un simple cas de psychologie très explicable, en admettant, bien entendu, tout d'abord, que ces hommes aient été réveillés par le bruit, ce qui est probable, mais pas évident.

avec un bruit égal à son désordre, qui était grand. Le poste du Megsem Halim a pu entendre, mais alors il a entendu trop tard pour avoir la possibilité de donner l'alarme. Les quelques hommes qui le composaient, s'ils ont été réveillés, l'ont été pendant le passage de la harka, et ils durent, quel que soit leur courage, sentir leur cœur se serrer en se voyant si loin des leurs, et si près d'une telle multitude d'ennemis. Puis, il faut bien le dire, Ahmed ou Lhassen se disait inspiré par Dieu, il avait prédit que les fusils des *roumis* couleraient de l'eau. Quel croyant n'aurait pas dans le fond de son âme, ajouté au moins quelque foi à la parole d'un envoyé du ciel ? (1)

Si cette pensée se présenta alors à l'esprit des indigènes de notre poste du Megsem Halim, elle dut les impressionner à un point qui légitimait de leur part toutes les hésitations. Le moment de nous prévenir était peut-être déjà passé, et chaque instant de retard augmentait la difficulté, l'impossibilité même de l'entreprise.

Il fallait donc, à défaut d'hommes absolument sûrs lorsqu'ils sont abandonnés à eux-mêmes, au milieu du danger et en face de leurs coreligionnaires, un chef résolu et énergique pour maintenir chacun dans le devoir et veiller à ce que la vigilance ne s'endormît pas un instant. Un officier seul et un officier choisi — les officiers de Sahariens étaient tout désignés pour cela — pouvait remplir ce rôle délicat et important. Placé au Megsem Halim, il aurait donné l'alarme, parce que sa surveillance ne se serait jamais relâchée, et que son expérience lu aurait suggéré les moyens de la rendre le plus efficace possible. Mais cet officier avait des chances d'être enlevé ;

---

(1) On a accusé les Sahariens d'avoir hésité, pour cette même raison, à tirer sur les assaillants de Menabha. Je crois avoir suffisamment démontré dans la 2ᵐᵉ partie de ce récit combien une semblable opinion est erronée.

car les Marocains n'ignoraient pas l'existence d'un poste au Megsem Halim, et si la présence d'un officier leur y avait été révélée, ce qui ne pouvait manquer d'arriver, peut-être auraient-ils tenté contre lui quelque coup de main qui, il faut le reconnaître, aurait presque certainement réussi. Cette considération a peut-être arrêté le commandement.

D'ailleurs, en admettant que la colonne eut été prévenue une heure, deux heures, trois heures même à l'avance, qu'aurait-elle fait de plus ? Nos soldats ne pouvaient que prendre les armes et se serrer les coudes. C'est ce qu'ils faisaient tous les soirs à la tombée de la nuit, puisque chacun couchait tout armé devant son poste de combat. Et que l'on ne dise pas qu'il eut été possible d'occuper des points d'appui, doubler les avant-postes. Nous en avons vu le danger précédemment. Peut-être aurait-on pu établir quelques retranchements, mais, vu l'absence de matériaux, il est douteux que la mesure eût été bien efficace (1).

*
* *

Des considérations qui précèdent, il semble résulter qu'au Sahara, un camp est à la merci ou à peu près d'une attaque de nuit.

S'il est difficile d'organiser défensivement un camp en prévision d'une semblable éventualité, le danger est cependant beaucoup moins grand qu'il ne le paraît à première vue. Tout d'abord la mobilité, cette mobilité qui doit soumettre l'Afrique, disait le maréchal Bugeaud, est la meilleure sauvegarde d'une troupe qui opère dans ces régions. Les Arabes ne sont ordinairement ni rassemblés

---

(1) Les anciens employaient leurs impédimenta à fortifier leurs camps ; mais au Sahara les troupes voyagent avec le strict dispensable, et les bagages se réduisent à presque rien.

ni même organisés pour se réunir promptement ; chacun veut être le maître et n'obéir à personne. C'est dire que les décisions, avant d'être prises, nécessitent de longues discussions, et un détachement, même de faible importance, est en sécurité à condition qu'il ne prolonge son séjour nulle part (1). En second lieu, il est excessivement rare que l'on se trouve en présence d'un rassemblement armé de l'importance de celui de Mengoub, et, dans ce cas, on est parfaitement fixé sur le point qu'il occupe car, plus ce rassemblement est grand, plus il se déplace difficilement. Et alors c'est une erreur de placer des troupes à une petite distance de l'ennemi concentré, et de les y tenir immobiles. A moins de construire de véritables murailles, il faut rester loin de l'ennemi tant que l'on n'est pas très préparé et surtout très décidé à marcher à lui. S'arrêter en chemin, c'est s'exposer aux pires éventualités (2). Nous aurions passé une nuit à Menabha, que, on l'a vu, nous ne pouvions y être attaqués. Y rester une seconde nuit devenait dangereux, l'événement l'a démontré.

Mais pour vaincre — et quel est le but de la guerre si ce n'est de vaincre — on a négligé la vraie méthode, la seule même dont la logique et le bon sens indiquaient l'application, et pour avoir craint d'imposer notre volonté à l'adversaire, nous avons dû subir la sienne.

Un ordre supérieur reçu, dit-on, le 14 Avril, prescrivait d'une façon formelle d'attendre l'attaque sur nos positions. Cet ordre s'explique aisément. Les opérations autour de Casablanca se poursuivaient depuis de longs mois sans

---

(1) « Un parti de 25 hommes peut passer un royaume sans être pris ; il chemine dès qu'il est découvert et une armée ne le prendrait pas ».

Maréchal de Saxe. — *Mes Rêveries*.

(2) Il vaut peut-être mieux attendre l'attaque derrière les murs d'un poste, ce qui d'ailleurs porterait une grave atteinte à notre prestige.

que l'on pût en entrevoir la fin. Celles qui avaient été dirigées contre les Beni-Snassen se terminaient à peine. En haut lieu, on se souciait peu — et c'est logique — de voir naître d'autres complications dans le Sud-Oranais. Car le danger ne paraissait pas pressant. Personne, en Algérie, ne croyait à l'existence de la harka, et même dans les quatre colonnes qui n'en étaient qu'à une journée ou deux de marche, beaucoup restaient incrédules. C'est que les menaces de harka sont permanentes dans le sud. Au milieu de ces populations fanatiques, les prédications des marabouts, qui ne cessent dans un lieu que pour renaître dans un autre, ne restent jamais sans effet, et il y a toujours quelque part — quelque extraordinaire que cela puisse paraître — une harka en formation contre nous. Il est donc toujours question de harka, et on n'en voit que rarement. On n'en avait pas vu depuis 1903. Car, si les indigènes excellent dans les coups de main que tentent journellement contre nous leurs *djichs* (1) et leurs *rezzous* (1), ils arrivent difficilement à s'entendre dès qu'ils veulent organiser une plus forte expédition. Leur ardeur s'exhale en cris et en imprécations au milieu desquels il est difficile de discerner le vrai danger de celui qui n'est qu'illusoire. Comme tant de harkas avortées, celle de Ahmed ou Lhassen était en préparation depuis plusieurs mois. Notre esprit se refuse à admettre la possibilité de semblables lenteurs, et l'on pensait être encore en présence de la harka, fantôme permanent toujours en préparation, et jamais en opération contre nous.

Mais le 14 Avril, le doute n'était plus permis. L'ordre supérieur eût-il été un ordre militaire — et il en avait toutes les apparences — qu'il n'exigeait pas pour cela une

---

(1) *Djich* — parti de quelques hommes armés, qui lorsqu'il devient plus important, prend le nom de *rezzou*.

obéissance passive. « Un ordre militaire, écrit Napoléon (1), n'exige une obéissance passive que lorsqu'il est donné par un supérieur qui, se trouvant présent au moment où il le donne, a connaissance de l'état des choses, peut écouter les objections et donner les explications à celui qui doit exécuter l'ordre... Un général en chef n'est pas à couvert par un ordre d'un ministre ou d'un prince éloigné du champ d'opérations, et connaissant mal, ou ne connaissant pas du tout le dernier état des choses ». L'immobilité nous exposait à tous les dangers. Du moment qu'il ne pouvait être question de se replier, la seule manière d'éviter l'attaque, c'était de la prévenir en appliquant aux marocains le procédé qu'ils ont essayé avec nous, procédé qui, avec une troupe organisée, ne pouvait manquer de réussir.

Nous avons vu, en effet, que le camp ennemi n'était pas gardé. Les principales causes de l'échec des *R'eraba* ont été le manque d'unité dans le commandement, et cette soif de pillage qui fut loin d'être étrangère à leur perte.

Ces défauts n'existent pas chez nous et la bataille révéla en outre la haute valeur morale de nos troupes.

Dès le 13 Avril, on savait à n'en pas douter la harka campée tout entière à Mengoub. La présence des seuls combattants indiquait qu'elle ne tarderait pas à se mettre en mouvement. La situation de nos diverses colonnes le 14 comportait une marche immédiate sur Mengoub, en vertu de ce principe, que, en face d'un ennemi concentré, il est toujours dangereux de partager une armée en différents corps opérant sur des lignes d'opérations distinctes. Cette manière de procéder ne peut se soutenir que si ces lignes d'opérations sont convergentes, d'où le danger, dans le cas qui nous occupe, de s'arrêter en route au lieu de marcher à l'ennemi. L'on pouvait d'ailleurs supposer

---

(1) **Mémoires**, T. II.

que cette harka, quelle que fut l'ignorance de ses chefs, mais en raison du fanatisme et de l'ardeur de ses combattants, sentant l'infidèle à portée de sa main, pour ainsi dire, aurait l'idée d'un coup de force. Pendant trois jours, par un cas presque unique dans la guerre d'Afrique, dont la difficulté a si souvent consisté dans la dispersion des bandes ennemies, les Marocains, réunis en un même point, se sont offerts à un enveloppement tactique que les facilités du terrain rendaient des plus aisés. En une seule marche de nuit, nous pouvions surprendre la harka, l'anéantir, enlever son camp. Le retentissement d'un pareil évènement eût été si considérable dans le Sud qu'il est permis de supposer qu'il y aurait établi la tranquilité pour longtemps. « Une bataille dans un commencement de guerre donnée à propos, en décide presque toujours le succès (1) ».

La colonne campée à Menabha — troupe hors de pair — eut certainement à elle seule remporté une éclatante victoire. Les quatre colonnes pouvaient d'ailleurs concourir à l'attaque. Les difficultés matérielles à vaincre étaient loin d'être insurmontables et il suffisait de donner avec soin les ordres de marche nécessaires. A condition que le secret fut bien gardé, c'était facile, le succès, un succès comme depuis la prise de la Smala, on n'en a point vu sur la terre d'Afrique, était certain. Il eut été la rançon de la désobéissance.

Pendant toute la durée de la campagne, raconte le Prince de Ligne (2), Montecuculli n'ouvrit pas les rescrits du Conseil de guerre. Il les rendit à l'empereur en venant à Vienne, et lorsque ce dernier lui demanda pourquoi il n'avait pas suivi les ordres qui lui étaient donnés en son

---

(1) Principe énoncé par Feuquière qui écrivait au xviiie siècle et dont les travaux ont contribué à l'éducation de Bonaparte.

(2) Prince de Ligne — *Préjugés Militaires*.

nom, il lui dit : « Sire, je les ai baisés, je les ai mis dans ma cassette, et je vous les rapporte ».

Voilà un exemple et il y en a bien d'autres, mais pour des raisons qui ne sauraient trouver leur place ici, l'application, il faut le reconnaître, en est difficile.

* *

Quoi qu'il en soit, l'ennemi fut vaincu à Menabha.

Les diverses colonnes françaises se réunirent à Mengoub le 18 Avril, trois jours trop tard, se portèrent sur Aïn-Chaïr et firent une grande tournée de police dans la région de Douiret es Sebaa, où il n'y eût que des engagements insignifiants, car toutes les populations avaient fui. Après avoir séjourné le 11 Mai à Bou Anane, les Français se portèrent sur Bou-Denib occupé par de nouveaux et nombreux contingents venus de l'Ouest : sept à huit mille piétons et quelques centaines de cavaliers.

A ceux qui s'étonneront que le même Mouley Ahmed ou Lhassen, après l'échec de Menabha, ait réussi à reformer aussi rapidement une harka et plus importante que la première, je pourrais répondre par ces paroles du prophète : « On n'évite pas sa destinée ; d'ailleurs on ne meurt pas pour sa loi, puisque c'est vivre éternellement que de mourir pour elle ». En réalité, le mouvement suscité contre nous dans le Haut-Guir s'était étendu et l'effervescence avait gagné des contrées fort éloignées. Les Chérifs et les Marabouts, qui abondent dans ces pays avaient prêché la guerre sainte un peu partout et les contingents, mettaient d'autant plus de temps à arriver qu'ils venaient de plus loin.

Mouley Ahmed ou Lhassen s'était cru assez fort pour opérer seul avec les guerriers recrutés dans les tribus qui avoisinent sa zaouïa. Les nouveaux venus le connaissaient peu ; ils avaient leurs chefs particuliers et un petit nombre seulement des survivants de Menabha se trouvait avec eux. Mouley Ahmed n'avait d'ailleurs rien perdu de son prestige, parce qu'il avait désapprouvé la tentative du

16 Avril. Cependant il ne s'avisait plus de promettre que les fusils des chrétiens couleraient de l'eau, car le nombre de ceux qui n'avaient pas reparu et celui, plus grand encore, de ceux qui en étaient revenus éclopés, témoignaient des ravages causés par les armes chrétiennes. Il reprochait à ses fidèles leur instinct de rapine qui avait causé leur perte. « Vous aviez la chance, leur disait-il, de trouver les Français endormis, et au lieu de commencer par vous débarrasser d'eux en les tuant, vous vous êtes mis à piller leur camp. C'est ce qui les a sauvés et vous a perdus ». Aussi décida-t-on que l'on marcherait groupé à l'ennemi ; quiconque serait surpris à piller avant le massacre général et complet des chrétiens, serait impitoyablement passé par les armes.

Mais pour les mêmes raisons que celles qui avaien amené la précédente défaite, ces beaux rêves devaient rester à l'état de projets.

Le combat de Beni-Ouzien eut lieu le 13 Mai, celui de Bou-Denib le 14, et le 15 nous occupâmes le Ksar de ce nom.

L'affaire du 13 fut assez sérieuse. Elle offre un spectacle réconfortant par le courage des soldats et l'initiative audacieuse et intelligente qu'y déployèrent certains officiers. Les troupes du cercle de Béchar se trouvèrent engagées dans un terrain très difficile — beaucoup plus difficile qu'on ne le pensait — par suite d'ordres que l'on parut avoir oubliés aussitôt après les avoir donnés, car ces troupes furent abandonnées à elles-mêmes, se battirent vaillamment — leurs pertes en font foi — et il fallut ensuite envoyer de nouvelles forces pour les dégager.

Par le défaut d'ensemble et l'extension inattendue du front, le combat de Beni-Ouzien rappelle le temps où florissait la tactique en cordon, en usage dans les armées européennes avant la guerre de Sept Ans. Nos troupes se trouvèrent, par la force du hasard, dans un dispositif trop étendu et trop morcelé pour une action d'ensemble, et nous eûmes une série de combats partiels au lieu d'une attaque décisive. Il fallut recommencer le lendemain. L'ennemi, peut-être heureusement pour nous, combattit suivant son habitude avec une fantaisie trop désordonnée pour pouvoir profiter de ses avantages.

L'affaire du 14 fut moins importante. Beaucoup de Marocains, démoralisés par leurs pertes de la veille, avaient fui et lorsque dans l'après-midi, après la fusillade et la canonnade du matin on se décida à pénétrer dans la palmeraie, on s'aperçut qu'elle était vide. Pendant toute cette journée, la *hammada* (1) qui sépare pendant 80 kilomètres Bou Denib du Tafilalelt resta couverte de fuyards. Les dix-sept cents cavaliers — tant réguliers qu'irréguliers — que comptaient les vainqueurs, n'attendaient qu'un signal pour changer cette retraite déjà désordonnée en une lamentable déroute. Ce signal ne fut pas donné (2).

L'occupation de Bou Denib eût lieu le 15 Mai sans combat. Le succès était complet : il effaçait les incertitudes des jours passés.

Mouley Ahmed ou Lhassen, dont l'heure n'était sans doute pas encore arrivée, n'avait même pas attendu pour fuir l'issue du combat du 13. Sa vocation se bornait décidément à l'apostolat et à la prière. Il continue à prêcher la guerre sainte contre nous, et il est à souhaiter que le Dieu unique lui fasse enfin la faveur de lui accorder la mort des martyrs.

---

(1) *Hammada*, plateau pierreux.
(2) Certains chefs ennemis prévoyaient une poursuite acharnée. Beaucoup de gens de Bou-Denib firent partir leur famille dans la nuit du 13 au 14 et même dans la matinée du 14. Le chérif, chef religieux et par suite chef politique du Ksar, refusa de laisser partir la sienne. « Les Français vous rattraperont dans la journée avec leur nombreuse cavalerie, dit-il aux fugitifs, je préfère rester ici avec tous les miens et demander l'*aman* ». Si ce chérif avait pu lire dans l'avenir, il aurait sans doute pris la détermination inverse.

www.ingramcontent.com/pod-product-compliance
Lightning Source LLC
Chambersburg PA
CBHW060608050426
42451CB00011B/2143